# Estrategias de Tenis Para Singles y Dobles:

## Tácticas Para Ganar y Estrategias Mentales Para Vencer a Cualquiera

Por

Joseph Correa

*Venza a cualquier jugador de tenis con estas estrategias prácticas y creativas*

## DERECHOS DEL AUTOR

© 2016 Finibi Inc

Todos los derechos reservados.

Este libro o cualquiera de sus partes no podrá ser reproducido o utilizado de ninguna forma sin el expreso consentimiento por escrito del editor excepto por breves citaciones para reseñas del libro.

El escaneado, subida y distribución de este libro por medio de la Internet o cualquier otro medio sin el expreso consentimiento del editor o autor es ilegal y podrá ser sancionada por la ley. Sólo compre ediciones autorizadas de este libro. Por favor, consulte con su médico antes de entrenar y utilizar este libro.

## DEDICATORIA

Este libro está dedicado a mi familia por estar siempre conmigo sin importar la situación.

# INTRODUCCIÓN

La estrategia juega una parte importante en el tenis competitivo y saber cómo aplicar esas estrategias puede ayudarle a ganar más partidos contra los más duros oponentes. Estas estrategias le permitirán lograr tres cosas:

1. Prepararse para un estilo específico de jugador.
2. Sabrá que contra-estrategias utilizar para competir más efectivamente.
3. Cómo ejecutar dichas estrategias basadas en su estilo de juego.

Este libro de estrategias y tácticas mentales es tamaño bolsillo y deberá mantenerlo en su bolso de tenis o donde lo tenga a la vista para estar listo para aplicar la estrategia que sea más útil para ese partido.

## ACERCA DEL AUTOR

Joseph Correa es un tenista profesional y entrenador que ha competido y enseñado por todo el mundo en torneos ITF y ATP por varios años. Además de ser un jugador profesional de tenis posee la certificación de entrenador profesional de la USPTR y la certificación de entrenador de niños de la ITF y ha entrenado a cientos de tenistas.

Como autor de este libro, creo firmemente en la importancia de implementar estrategias específicas en el tenis. Algunas veces un buen jugador puede perder contra un jugador de nivel menor, simplemente por usar la estrategia equivocada y viceversa. Este libro le ayudará a ganar más partidos y le brindará más éxitos en su vida como tenista.

## TABLA DE CONTENIDOS

DERECHOS DEL AUTOR

DEDICATORIA

INTRODUCCIÓN

ACERCA DEL AUTOR

Capítulo 1: Estilos De Juego De Dobles

1. Cómo vencer a los jugadores de equipos de línea de fondo
2. Cómo vencer al juego de saque y volea en dobles
3. Cómo superar a los cazadores dominantes
4. Qué hacer contra la formación de equipos dobles "I"
5. Qué hacer contra los equipos de dobles agresivos de red.
6. Qué hacer contra los equipos de dobles lanzadores de globos.
7. Cómo devolver un saque en el saque de dobles.
8. Cómo mantener el saque en el juego de dobles.

Capítulo 2: Contra Los Estilos Básicos De Juego De Singles

1. Cómo vencer al jugador de línea de fondo.

2. Qué hacer contra el corredor de red

3. Cómo vencer al rematador

4. Cómo vencer al jugador de saque y volea

5. Cómo dominar al jugador polivalente

6. Cómo superar al lanzador de globos.

7. Cómo vencer al empujador

Capítulo 3: Contra Estilos Avanzados De Juego De Singles

8. Qué hacer contra un jugador de golpe alto

9. Cómo superar al jugador de golpe bajo

10. Cómo dominar un gran saque

11. Cómo responder a una pelota dejada

12. Cómo superar al corredor

13. Cómo dominar un buen golpe de derecha

14. Cómo superar un buen golpeador

Capítulo 4: Contra Los Estilos De Juego De Singles Inusuales

15. Cómo vencer al gemidor

16. Cómo vencer al jugador que pierde tiempo

17. Cómo superar al jugador rápido

18. Cómo contra-restar al favorito de la hinchada

19. Cómo reaccionar ante ángulos suaves

20. Cómo reaccionar ante disparos profundos y altos

21. Cómo superar una bola alta de revés

22. Cómo vencer al jugador de tiros chatarra

Capítulo 5: Estrategias Mentales Para Partidos De Singles Y Dobles

23. Cómo superar los nervios

24. Cómo vencer el estrés en un partido

25. Cómo mantenerse concentrado hasta el final

26. Qué hacer durante los cambios de lado

27. En qué pensar antes del partido

28. En qué pensar la noche anterior al partido

29. Qué hacer cuando va un set abajo

30. Qué hacer cuando va un set arriba

31. Qué hacer cuando tiene un punto de partido

32. Qué hacer luego de un saque de doble falta.

MÁS TÍTULOS POR JOSEPH CORREA

# CAPÍTULO 1: Estilos De Juego De Dobles

**Estrategia#1**

**Cómo vencer a los jugadores equipos de línea de fondo**

Problema:

Los equipos de dobles de línea de fondo son conocidos por no comenzar o no ir hasta la red. Irán hasta la red lo mínimo posible ya que su fortaleza se encuentra en la línea de fondo. Suelen ser oponentes difíciles porque no hay una forma rápida de ganar puntos.

Solución:

Una de las mejores formas de vencer a los equipos de línea de fondo es lograr que lleguen hasta la red como equipo o hacer que el otro equipo vaya a la red para lograr sacarlos de su zona de comodidad.

Las mejores formas de vencer la estrategia de este tipo de equipos de dobles son:

- Jugar un estilo de juego normal sin importar lo que sus oponentes hagan.
- Ir hasta la red en equipo para crear una pared frente a los jugadores así deberán tomar algún tipo de riesgo y cometer errores, que es lo que usted quiere lograr.
- Vaya hacia la red con golpes cortos de costado hasta la mitad de la cancha, lo que puede confundir a muchos equipos de dobles especialmente cuando ambos se encuentran en la parte posterior de la cancha y deberán decidir quién se adelanta para golpear la pelota, lo que usualmente retrasa su tiempo de reacción.
- Lance un golpe de pelota dejada para atraerlos hasta la red así, al menos uno de ellos deberá dejar la línea de fondo y por lo tanto quebrar su estructura de dobles. La pelota dejada será el golpe más efectivo si es lanzada hasta el centro de la cancha porque requerirá que sus oponentes decidan quién correrá por ella y

esto usualmente lentifica su tiempo de reacción logrando que sea una estrategia muy efectiva.

## Estrategia#2

## Cómo vencer al juego de saque y red en dobles

Problema:

El equipo de saque y volea es el estilo más común de juego y el más clásico también. Un jugador comenzará en la red mientras que el otro hará un saque y correrá hasta la red para lanzar una volea. Harán esto consistentemente en cada punto.

Solución:

El mejor enfoque contra este estilo de juego es concentrarse y minimizar sus errores cuando devuelva el saque. Las mejores formas de hacer esto y vencer al equipo de saque y volea es:

- Mantener su devolución a baja altura y cerca de sus pies cuando ellos se acerquen a la red.
- Hacer un globo sobre el jugador que va a la red para quebrar su estructura de juego y hacer que ambos

tengan que ensamblarse nuevamente en la posición de juego.

- Sorprenda al jugador que va a la red al devolver cerca de la línea de fondo en caso que estén de cacería constante.

**Estrategia#3**

**Cómo superar a los cazadores dominantes**

Problema:

Los cazadores dominantes o los equipos de dobles donde el jugador de red corta un tiro que estaba destinado al jugador de la línea de base y termina ese punto en la red, son agresivos pero aún pueden ser vencidos. Este estilo de juego es también muy común y se complementa con el clásico equipo de dobles donde una persona está en la red y la otra en la línea de fondo.

Solución:

Los cazadores dominantes pueden ser muy imponentes si su compañero golpea la pelota lentamente o a media altura cuando están intercambiando hacia atrás y hacia adelante con la otra persona en la línea de fondo. La mejor manera de cortar este estilo de juego de equipos de dobles es asegurarse que la persona que está en la red no pueda golpear la pelota, tan seguido como pueda. Puede lograr esto al:

- Golpear tiros cortos angulares cruzados.
- Lanzar globos sobre el jugador de red.
- Golpeando tiros fuertes y rápidos directamente hacia el cuerpo así los oponentes no podrán salir de cacería tan frecuentemente. Haga esto solamente si se siente cómodo haciéndolo y siente que es necesario.

## Estrategia#4

## Qué hacer contra los equipos dobles en forma de "I"

Problema:

La formación de equipos dobles en forma de "I" es un estilo más avanzado de equipo de dobles. Una persona se prepara para sacar lo más cerca posible del centro de la cancha y el jugador de red se arrodilla sobre una rodilla y se ubica en el centro de la red a una altura lo más baja posible para saltar una vez que está servido el saque. La persona que sirve hará el saque hacia el centro de la cancha. Algunas veces harán su saque hacia el cuerpo como para cambiar un poco las cosas. Los equipos de dobles deciden can anticipación hacia qué lado de la red irá el jugador delantero, ya sea derecha o izquierda y a veces simplemente merodear por el medio de la cancha. Se ubican en forma de "I" para verse impredecibles ante sus oponentes.

Solución:

Para superar a este equipo de dobles debe comprender que no siempre acertará pero puede realizar los pasos necesarios para estar en la mejor posición para ganar el punto. Los tiros precisos en contra de un equipo de dobles en forma de "I" son:

- Lance un globo hasta la línea para mantener la pelota lejos del jugador de red y quebrar su formación.
- Devuelva el saque directamente hacia el medio a baja altura hacia el jugador de red. La pelota debe ser golpeada con fuerza sino la persona podrá lograr responder fácilmente con una volea.
- Elija un lado y devuelva el saque allí. Decida antes de lanzar la devolución del saque ya que el jugador de red puede ser un factor de distracción y hará que usted quite sus ojos de la pelota.

## Estrategia#5

## Qué hacer contra los equipos de dobles agresivos de red.

Problemas:

Los equipos de dobles de jugadores de red son agresivos y estarán alrededor de la red haciendo disparos ganadores y poniéndole presión a sus oponentes para hacer tiros pasantes. Estos son grandes compañeros de dobles porque ganan muchos puntos fácilmente y suelen ponerlo a uno en una posición ganadora.

Solución:

Los jugadores de dobles de red que son agresivos deben ser frenados o al menos deben ser mantenidos lejos de la pelota la mayor parte del punto. Las 5 formas más efectivas de lograr esto son:

a) Lance un globo por sobre la persona hasta la línea.
b) Lance tiros cruzados angulares con golpes de costado o con efecto alto.

c) Golpee la pelota directamente al cuerpo del jugador de red.

d) Sorprenda al jugador de red con tiros rápidos y de baja altura hasta la línea.

e) Lance un globo cruzado por sobre el jugador de red.

## Estrategia#6

**Qué hacer contra los equipos de dobles lanzadores de globos.**

Problema:

Un equipo lanzador de globos altos disparará largos y altos globos continuamente intentando pasarlo por encima y que falle. Ellos no lanzarán tiros ganadores directos. Ellos simplemente intentarán que usted se venza a sí mismo. El partido será largo y cansador para usted sino no sabe cómo afrontar este estilo de juego.

Solución:

Este tipo de equipos de dobles no cometerán muchos errores y por esta razón usted debe ser más estratégico que ellos. Debe decidir si puede vencerlos en su juego o si jugar su propio partido es una mejor opción. Si usted puede contra-restar sus globos y ganar el partido, entonces hágalo. Si desea intentar vencerlos con un enfoque más táctico entonces debería comenzar por hacer lo que tiene que hacer para quitarlos de la línea de fondo. Lanzar un golpe de pelota caída luego de un globo es muy difícil y aún si lo consiguiera, probablemente sería muy débil y fácil de eliminar.

La mejor forma de vencer a este estilo de juego es hacer disparos cortos angulares para así llevarlos hacia adelante y hacia afuera. Los tiros angulares cortos de golpe de costado o de golpe alto con efecto generalmente no llegarán a la línea de fondo y serán definitivamente más difíciles para devolver un globo. Una vez que dispare un golpe corto angular usted querrá rápidamente golpear detrás de la persona que acaba de disparar el tiro angular así tendrán que devolver un golpe débil como respuesta. Ellos responden y se encuentran atacando la red y golpeando un tiro al medio o a un ángulo donde no podrán hacer un globo decente.

## Estrategia#7

## Cómo devolver un saque en el saque de dobles.

Problema:

Quebrar el saque en dobles es importante y necesario para ganar frecuentemente. Algunas veces usted puede jugar un muy buen servicio en equipos y otras veces puede que ellos tengan saques débiles pero sean difíciles de atacar por el efecto o la altura a la que aterrizan.

Solución:

Para quebrar el saque en los dobles usted necesita asegurarse no sobre-golpear la pelota y ser lo más consistente posible. Intente esto cuando devuelve un saque:

- No vaya por tiros de bajo porcentaje que aterrizan cerca de la línea y probablemente sean devueltos de todas maneras.

- Concéntrese en un punto de la cancha en donde usted quiere devolver el saque. Usualmente el medio de la cancha es un buen lugar para comenzar.
- Mantenga su balanceo hacia atrás corto y complete su golpe hasta el final.
- No golpee ni muy suave ni muy fuerte. Encuentre un punto medio de energía así no será demasiado cuidadoso ni demasiado agresivo.
- Mantenga sus ojos en la pelota y no en el jugador de red.
- Enfóquese en mover sus pies antes de devolver el saque así no lo encuentra parado plano.
- Ubíquese en el lugar apropiado para devolver el saque con respecto al lugar donde se encuentra ubicado su oponente.

## Estrategia#8

## Cómo mantener el saque en el juego de dobles.

Problema:

Mantener el saque en dobles requiere de un esfuerzo en equipos pero puede ser logrado consistentemente sin importar la fuerza, la altura ni la edad. La mayoría de la gente intenta lograr demasiados buenos saques o grandes tiros para ganar puntos pero al tenis se gana mediante la suma de puntos, no por un solo gran punto. Este es un punto importante para recordar para cualquier estrategia.

Solución:

Mantener el saque requiere que usted tenga un plan y luego ejecute ese plan como un equipo. Este debe estar muy claro, sino deberá encontrarse otro compañero de dobles. No son dos personas separadas jugando del mismo lado. Son un equipo y deben moverse, trabajar y pensar como un equipo. Para mantener el saque en el juego de dobles deberán:

- Conseguir tantos primeros servicios dentro de la cancha como sea posible. Esto puede que requiera que usted le dé menos energía a sus saques o corra menos las hacia esquinas o líneas. Esto minimizará sus riesgos de que sus oponentes ataquen con un débil segundo saque, que es vital para mantener el servicio.
- Siempre intente embocar la primera pelota dentro de la cancha luego de que su oponente ha devuelto el saque. Mucha gente intenta hacer demasiado con aquel primer disparo, lo que suele resultar en errores involuntarios que rápidamente suman puntos.
- Trabaje durante todo el punto. A veces esto significa que usted querrá acercarse a la red luego de golpear un tiro preciso y no cualquier tiro.
- Asegúrese de que ambos decidirán por adelantado (y no en el medio del punto) quién cubrirá la mitad de la cancha si golpean una pelota ya que esta es una forma muy fácil para sus oponentes de conseguir puntos.

# CAPÍTULO 2: Contra Los Estilos Básicos De Juego De Singles

**Estrategia #1**
**Cómo vencer al jugador de línea de fondo**

Problema:

Un buen jugador de línea de fondo se siente cómodo allí y prefiere no ir hasta la red. Por esta razón, la mejor estrategia es atraer al jugador hasta la red con disparos defensivos donde se encontrará en la peor situación y probablemente pierda una simple volea.

Solución:

Una de las mejores formas de vencer al jugador de línea de fondo es atraerlo a la red mediante alguno de estos tiros: un golpe corto y bajo, un golpe de bajada corto, un golpe corto y alto con efecto o un golpe corto angular.

Si usted dispara un golpe corto y bajo, el jugador se verá tentado a correr hacia la red y si el golpe es muy corto, se verá forzado a dejar la línea de fondo y adelantarse para hacer una volea o tiro sobre la cabeza.

Si usted lanza un tiro corto de bajada, definitivamente logrará atraer a su oponente hasta la red ya que no tendrá otra opción más que pararse dentro de los cuadros de servicio en la red.

Si usted lanza un golpe corto y alto con efecto, el oponente no se verá obligado a ir hasta la red pero se encontrará en una muy mala posición en la cancha si no lo hace. Puede tomar ventaja de su mala posición, simplemente golpeando por detrás de él.

Si dispara un ángulo corto, no sólo saldrá de la línea de fondo sino también algo fuera de la cancha, lo cual lo colocaría en una mala posición si no intenta cubrir la cancha al acercarse a la red.

Si usted lanza un buen servicio, haga un saque y volea o corra a la red para sorprenderlo y obtenga algunos errores gratis de tanto en tanto.

## Estrategia # 2

## Qué hacer contra el corredor de red

Problema:

El corredor de red está siempre listo para moverse hacia adelante mayormente en los segundos servicios, en los tiros débiles y en las pelotas cortas. Sus mejores lanzamientos son normalmente sus voleas y tiros sobre la cabeza. Se apresurarán hacia la red luego del saque. Ellos ganan la mayoría de sus puntos al ejercer presión en la red, lo que provoca errores y malas decisiones en sus oponentes.

Solución:

La mejor solución es simplemente mantener al corredor de red en la línea de fondo logrando su primer servicio adentro, aún cuando eso signifique una mayor utilización de energía y ubicar la pelota. También, lance profundos golpes altos con efecto y golpes cruzados para mantener al corredor de red fuera de la cancha y lejos de la red. Si el corredor de red ha alcanzado la red, usted debería planificar lo siguiente:

1. Pasarlo al golpear bajo la línea
2. Pasarlo al lanzar un tiro cruzado
3. Pasarlo al lanzar un tiro corto angular
4. Hacer un globo sobre su lado del revés con un tiro llano con efecto o con un tiro corto con efecto.
5. Golpee la pelota directamente a su cuerpo para sacarlos de la guardia y frenarlos.

## Estrategia #3

## Cómo vencer al rematador

Problema:

El rematador no es quien toma la iniciativa durante el punto. Usualmente, son el tipo de jugadores que esperan a que usted tome une decisión y luego le rematan su lanzamiento. Si usted corre a la red, ellos le pasarán. Si ataca al golpear más fuerte, ellos usarán su energía y jugarán en la cancha libre. Este tipo de jugadores pueden ser un gran problema cuando usted no sabe cómo jugar contra ellos. Cuanto más duro y más rápido juegue, es mejor para ellos si usted no tiene una estrategia específica.

Solución:

Para vencer al rematador, usted necesita comprender que la mayoría del tiempo si usted quiere atacar, necesita asegurarse que tiene un patrón de antemano que pueda poner en práctica durante el punto del partido. Algunos ejemplos serían:

- Lance su saque amplio y golpee a la cancha abierta.
- Lance su golpe a la cancha abierta y luego siga su disparo hasta la red para poner más presión sobre su oponente y cerrar el punto.
- Golpee una pelota corta y fuerce a su oponente a tomar la iniciativa al venir a la red.

## Estrategia #4

## Cómo vencer al jugador de saque y volea

Problema:

Los jugadores de saque y volea son rápidos y decisivos. No parpadearán cuando tengan la oportunidad de terminar el punto. Ellos harán un saque fuerte con energía o con efecto y luego lo seguirán hasta la red.

Solución:

La mejor estrategia para este estilo de juego es desacelerarlos o detenerlos cuando vienen. Las mejores tres formas de frenarlos y lograr que cometan más errores son:

1. Devuelva el saque de su oponente a sus pies así deberá golpear una media volea.

2. Devuelva su saque justo en el cuerpo de su oponente para que deba alejar su cuerpo para la volea. Esta puede

no ser una bonita manera de frenarlo pero sí funciona y es otra herramienta cuando no tiene otras opciones.

3. Lance un globo. Simplemente devuelva una pelota alta y profunda y luego debería retroceder en caso de que su oponente decida hacer un tiro fuerte sobre la cabeza, algo que muchos intentarán hacer. Si lanza un globo lo suficientemente alto, su oponente deberá frenar completamente y golpear un tiro sobre la cabeza a tiempo, lo cual no es cosa sencilla cuando está ventoso, lluvioso, al mediodía o con el sol de frente, o por la noche cuando es más difícil de distinguir las distancias.

## Estrategia #5

## Cómo dominar al jugador polivalente

Problema:

El jugador polivalente puede hacerlo todo. Hacer un servicio y volea, remate, picar y correr a la red, ser paciente y consistente en el fondo de la cancha. Todos practican y trabajan duro para convertirse en jugadores de toda la cancha así no tendrán ningunas debilidades obvias, que harían más fácil que su oponente le ataque.

Solución:

El jugador polivalente es usualmente bueno en todo pero eso no significa que no tenga debilidades. Concéntrese en lo que hacen peor y ajuste el partido así usted hace lo mejor que sabe hacer.

Por ejemplo: Si ellos tienen un revés débil y usted tiene un golpe de derecha fuerte, debería hacer sus servicios a su revés y luego girar para lanzar un golpe de derecha. Continúe poniendo presión al lanzar golpes a su revés hasta que tenga la oportunidad de ir hasta la red o sacar la pelota. De esta manera lo forzará a jugar su estilo de juego más efectivo contra su disparo más débil. Otra buena estrategia sería atacar la red sobre su lado débil y forzarlos a cometer errores de esta forma.

## Estrategia #6

## Cómo superar al lanzador de globos

Problema:

Los jugadores que lanzan globos o pelotas altas una y otra vez pueden ser muy difíciles contrincantes y pueden hacerle perder su paciencia. Usted desea hacer un ataque pero ellos simplemente desaceleran todo con sus globos. Cuando usted quiere acercarse a la red, sabe que tendrá que hacer un lanzamiento sobre la cabeza.

Solución:

Usted no desea perder un partido porque sus tiros son de bajo porcentaje mientras que su oponente está lanzando tiros de porcentaje alto como los globos. El mejor plan sería hacer que salieran de su zona de comodidad y forzarlos a lanzar globos desde malas posiciones en la cancha o en ubicaciones que no les permitieran hacer un globo. Al lanzar tiros bajos angulares los forzarán a salir fuera de la cancha hacia atrás y hacia los costados lo que hace más difícil que lancen un globo debido a que la distancia desde la parte trasera de la cancha es más corta que si estuvieran lejos de la línea de fondo. Otra forma de conseguir que este tipo de jugadores fuera de su juego de lanzamiento de globos, es simplemente lanzar golpes cortos o pelotas dejadas para llevarlos hasta la red. Una vez en la red, usted puede lanzar una volea o pelota sobre la cabeza, pero sin globos! Otra manera efectiva de vencer a los lanzadores de globos es disparar tiros cortos ya que es más difícil lanzar un globo decente luego de un disparo como ese y luego puede simplemente golpear detrás de ellos luego de que lancen un globo no muy bueno. La última opción que tiene en contra de un lanza-globos es golpear la pelota al aire así la pelota nunca rebota. Esto puede ser muy efectivo si está parado en la línea de fondo y se siente cómodo balanceando pelotas en el aire.

## Estrategia #7

## Cómo vencer al empujador

Problema:

Los "empujadores" o jugadores consistentes que casi nunca atacan durante el juego son muy exitosos muchas veces. No cometen muchos errores y no lanzan muchas pelotas ganadoras tampoco. Ellos esperan a que usted cometa todos los errores, lo que genera una presión adicional sobre usted.

Solución:

Lo "empujadores" usualmente necesitan ser forzados a cometer errores. Una de las mejores formas de lograr que cometan errores es atrayéndolos a la red con un golpe de pelota bajada o una pelota corta y luego simplemente lanzar una volea o un tiro sobre la cabeza, lo cual es normalmente lo que hacen peor, ya que pasan tanto tiempo en la parte trasera de la cancha manteniendo la pelota constantemente en juego. Si usted tiene un buen juego de red, debería atacar la red con golpes rápidos y bajos que los forzarían a arriesgarse más al tener que ir hacia un pase o globo. Ambas estrategias son efectivas en contra de este estilo de juego.

# CAPÍTULO 3: Contra Estilos Avanzados De Juego En Singles

**Estrategia #8**

**Qué hacer contra un jugador de golpe alto con efecto**

Problema:

Los jugadores de golpes altos con efecto son cada vez más populares en el juego de hoy. Usualmente rebotan alto y rápido, lo que hace más difícil el ataque o ir hasta la red. Esto lo forzará a alejarse o adelantarse para golpear la pelota.

Solución:

Puede hacer diversas cosas para contra-atacar una pelota lanzada por un jugador de golpe alto con efecto.

1. Simplemente aléjese y deje que la pelota baje hasta una posición cómoda para usted. De esta forma no estará golpeando en o por sobre la altura de sus hombros, lo cual es un tiro muy difícil para la mayoría de las personas.

2. Puede golpear la pelota mientras se eleva antes de que esté muy alta y adentrarse en la cancha mientras lo hace. Hacer esto requiere más habilidad que dejarla caer, pero puede ser muy reconfortante si puede mantener a su oponente corriendo con su devolución rápida en la subida.

## Estrategia #9

## Cómo superar al jugador de golpe de rebanada bajo

Problema:

Algunos tenistas solamente lanzaran golpes de rebanada porque son muy exitosos haciendo esto o porque no saben cómo hacer otro tipo de tiros. La pelota permanecerá baja y corta lo cual lo hace más difícil para atacar o hacer golpes ganadores limpios.

Solución:

Ser paciente con este tipo de jugador lo recompensará a la larga. La clave está en no golpear sobre esos golpes bajos. Intente mantenerlos bajos y adelantarse. La mejor manera de hacer que fallen es hacerlos correr y luego cerrar la red cuando devuelvan un golpe de rebanada bajo, o mezclarles las alturas. Mezclar las alturas significa básicamente hacer un golpe bajo con efecto y luego un golpe alto con efecto y continuar este patrón hasta que no encuentren el ángulo correcto en su raqueta forzándolos a hacer un golpe muy bajo en la red o muy alto y fuera.

## Estrategia #10

### Cómo dominar un gran saque

Problema:

Quienes tienen un gran saque son duros oponentes por la velocidad a la que la pelota viene hacia usted. La pelota vendrá fuerte y rápida, sin ninguna advertencia.

Solución:

Mantenga un balanceo corto hacia atrás y mueva sus pies antes de que la pelota llegue. Haga el paso separado cuando su oponente esté impactando la pelota para mejorar su tiempo de reacción. El secreto para devolver saques rápidos es no sobre-golpear. Aprenda a utilizar la energía de su oponente simplemente devolviendo una pelota bien ubicada. Muchas veces notará que no necesita golpear la pelota más fuerte para que sea una buena devolución, y eso será lo más importante que debe recordar. Mueva sus pies, mantenga sus ojos en la pelota, haga un corto balanceo hacia atrás y adelántese al golpear la pelota para tener éxito con este golpe.

**Estrategia #11**

**Cómo responder a una pelota dejada**

Problema:

Las pelotas bajadas son grandes armas para tener ya que no requieren fuerza alguna. Es un tiro delicado, también conocido como golpe de toque. La pelota caída es tan valiosa como un golpe ganador o un tiro sobre la cabeza. Recuerde que la distancia que hay de lado a lado de la cancha es menor que la distancia hasta la red. Cuando lance una pelota dejada hará que su oponente realmente corra una larga distancia.

Solución:

El mejor disparo contra una pelota dejada es simplemente devolver otra pelota dejada. De esta forma tiene una chance menor de ser pasado o lanzado un globo o, inclusive ser apuntado. Si puede dominar este tiro, logrará que más de un oponente luche corriendo hacia adelante para un golpe inesperado. El segundo golpe que puede intentar en contra de la pelota dejada es disparar una profunda devolución hacia el lado más débil de su oponente y luego simplemente esperar que lance una volea o una pelota sobre la cabeza. Si desea reducir la cantidad de pelotas dejadas que su oponente le lanza, puede golpear la pelota fuerte y profundamente o mantener la pelota alta y profunda. Esto lo hará más difícil para ellos lanzar otra pelota dejada.

## Estrategia #12

## Cómo superar al corridor

Problema:

Los corredores son duros adversarios porque normalmente no se dan por vencidos y consiguen recuperar muchas pelotas dentro del juego. Algunos jugadores ganan sus partidos con pura velocidad. Ellos persiguen pelota tras pelota hasta que sus oponentes terminan tratando de alcanzarlas todas y finalmente pierden.

Solución:

Los corredores siempre tienen un disparo débil. Podría ser su golpe de revés, de derecha, su saque, sus voleas o sus tiros sobre la cabeza. Debe encontrar su golpe débil y comenzar a atacar ese disparo en lugar de intentar puntos ganadores. Debe comprender que su mayor fortaleza es la velocidad, por tanto debe enfocarse en lo que ellos hacen peor aún cuando esto signifique no hacer claros golpes ganadores. Debe ser paciente y permitirles cometer errores con su tiro más débil. Insista y sea persistente hasta que comiencen a cometer errores con ese tiro y no desviarse de su plan. Se tentará de terminar el punto pero siempre será recompensado si se mantiene con su plan en lugar de permitirle a su oponente hacer lo que hace mejor, que es correr las pelotas. Para vencer a este tipo de jugadores, debe atacar sus debilidades, no su velocidad ya que allí es donde usted trabajará más duro para ganar puntos. Manténgase con el plan y sea persistente.

## Estrategia#13

## Cómo dominar un buen golpe de derecho

Problema:

Grandes o poderosos golpes de derecha son comunes en el tenis ya que todos poseen las armas para ganar puntos y más seguido que no, sus golpes de derecha son sus tiros más poderosos. En el juego de hoy, los golpes de derecha poderosos se han transformado en una necesidad para ganar más puntos, ya que los jugadores son más rápidos y duros si quiere pasarlos.

Solución:

Los buenos golpes de derechas son grandiosos sólo si son golpeados en su zona de poder, la cual es normalmente entre la altura de las rodillas y los hombros. Si puedes conseguir que realicen disparos debajo de la altura de las rodillas y por sobre la altura de sus hombros, las posibilidades son que sus tiros de derecha no serán tan importantes. Intente lanzar golpes bajos de rebanada o tiros altos con efecto para reducir la cantidad de energía que pueden generar de ese lado.

## Estrategia#14

## Cómo superar un buen golpeador

Problema:

Los grandes golpeadores superan a sus oponentes en ambos laterales y hasta pueden comenzar ganando puntos con un saque brillante. Ganan puntos simplemente golpeando la pelota más fuerte que los otros.

Solución:

Debe frenar al gran golpeador con algunos lanzamientos lentos como: tiros cortos lentos, golpes de costado, tiros altos con efecto, pelotas largas, pelotas caídas y tiros angulares cortos. Los grandes golpeadores odian los cambios en las velocidades de las pelotas porque se ven forzados a ajustarse a la profundidad, altura y velocidad de la pelota. Después de un tiempo estos cambios en velocidad, efecto y altura hacen que los grandes golpeadores fallen o deban frenar para reducir sus errores. Allí es cuando tiene su plan para sacarlos del juego y puede comenzar a ganar más puntos.

# CAPÍTULO 4: Contra Los Estilos De Juego De Singles Inusuales

**Estrategia #15**

**Cómo vencer al gemidor**

Problema:

El "gemidor" pude sonar alto y distraer. Hará sus gemidos cada vez que golpea la pelota e incrementará el sonido del gemido dependiendo de la longitud del punto, de la importancia del punto, o de qué tan cansado esté.

Solución:

Aprenda a concentrarse en los aspectos más importantes de su juego, como respirar y el trabajo de piernas. Concentrarse demasiado en lo que su oponente está haciendo, lo distraerá y lo alejará de su mejor juego de tenis. Encuentre cosas en las que pueda enfocarse entre cada punto como: ajustar sus cuerdas, atar los cordones de sus zapatillas si están desatados o sueltos, secarse el sudor con la toalla si está transpirado. Si aún es demasiada distracción para usted, haga un gemido usted también.

## Estrategia #16
## Cómo vencer al jugador que pierde tiempo

Problema:

Los jugadores que intencionalmente retrasan el tiempo entre puntos y en los cambios de lado buscan controlar el tempo del partido. Algunos jugadores necesitan jugar rápido para mantener su propio tempo mientras que a otros no les importa jugar más lento. Desacelerar un partido cuando está perdiendo es una gran estrategia ya que le da más tiempo para corregir errores o volverlo nuevamente a la pista. Cuando alguien le hace esto a usted, puede ser difícil encontrarse con su juego nuevamente.

Solución:

Concéntrese en lo que debe estar haciendo. No caiga en su trampa al demorar el juego. Simplemente esté preparado cada vez y muéstrese listo para jugar.

**Estrategia #17**

**Cómo superar al jugador rápido**

Problema:

Algunos jugadores prefieren apurar los puntos, sin permitir a sus oponentes tomarse su tiempo para pensar, lo que causa más errores o tal vez no esté acostumbrado a ser apurado. Usualmente toman cortos recreos para beber agua y ya están listos para lanzar su saque antes de que usted llegue a la línea de fondo.

Solución:

Cuando alguien está continuamente apurando el juego, el mejor plan es simplemente desacelerar las cosas hasta donde usted se sienta cómodo a saber que no cometerá errores por ser apresurado. Algunas de las mejores formas de alcanzar esto son:

- Secarse con su toalla, beber agua y respirar lentamente durante los cambios.
- Apoyar su toalla sobre la reja trasera o del costado de la cancha así le dará tiempo para caminar hasta la toalla para sacarse y así frenar un poco el juego.
- Ate los cordones de sus zapatillas antes de su saque o antes de devolver un saque.
- Ajuste las cuerdas de su raqueta antes de su saque o antes de devolver un saque.

## Estrategia #18

## Cómo vencer al favorito de la hinchada

Problema:

Los jugadores favoritos de los espectadores pueden tener bastante hinchada durante los puntos. Algunas hinchadas y familiares pueden ser muy ruidosos e intensos lo que hace difícil para cualquiera concentrarse en el partido. Aplauden cuando usted pierde un punto. Aplauden en puntos importantes y en medio de los intercambios.

Solución:

Los favoritos de la gente son oponentes difíciles cuando van ganando pero cuando están perdiendo, las cosas se tranquilizan. Concéntrese en comenzar el partido ganando y quédese en lo alto. Cuanto mejor sea su postura de líder, menos ruido oirá de la gente. Algunos de sus fanáticos, familiares u otras personas dejarán el partido, lo cual significará menor distracción para usted, y mejores resultados. Si usted es el tipo de jugador que disfruta tener la hinchada en contra mientras compite, aún así le recomendaría que comience ganando y se mantenga arriba hasta que finalice el partido. Los favoritos de la hinchada son sólo favoritos mientras van ganando o al menos tienen una chance de ganar pero si usted puede comprobar que no tendrán ninguna chance, usted lo pasará mejor.

## Estrategia #19

## Cómo reaccionar ante ángulos suaves

Problema:

Los ángulos suaves son grandes armas para tener porque fuerzan a los jugadores a salir de la línea de fondo y entrar en el frente y lado de la cancha. Esto abre la cancha completamente para su oponente y le permite prácticamente tener control absoluto del punto.

Solución:

La mejor manera de contra-restar un tiro angular suave es hacer una de estas tres cosas:

- Seguir la pelota hasta la red y cortar el ángulo que ha sido creado.
- Devolver otro tiro cruzado angular y retirarse hasta la mitad de la cancha.

- Lanzar un golpe de pelota bajada justo frente a usted para traer a su oponente a la red y luego cubrir la mitad de la cancha para bloquear cualquier posibilidad de un tiro pasado.

**Estrategia #20**

**Cómo reaccionar ante disparos profundos y altos**

Problema:

Los tiros largos y altos, si son consistentes, causarán muchos errores por parte de los tenistas. Básicamente lo empujan hacia atrás, detrás de la línea de fondo y lo fuerzan a caer hacia atrás, lo que reduce la cantidad de energía que puede generar para su próximo disparo. Ya sean con o sin efecto, aún representarán una amenaza y requieren de un buen contra-ataque.

Solución:

Los lanzamientos altos y profundos pueden ser tratados en un número de formas:

- Puede posicionarse atrás y devolver otro tiro alto y largo y ver cómo su oponente reacciona a este lanzamiento.

- Puede golpear la pelota en la subida cuando la pelota rebota.
- Puede devolver un golpe de costado para mantener la pelota baja y corta.

Además de devolver los tiros altos y largos, también puede evitar que hagan estos tiros:

- Lanzando un tiro de costado y de ángulo bajo o golpes altos con efecto.
- Atrapando la pelota en el aire al golpearla con una volea o volea balanceada para evitar que la pelota aterrice de lleno.
- Dando golpes cortos de costado que forzarán a su oponente a adentrarse en la cancha y lo harán más difícil para ellos conseguir otro golpe largo y alto en forma certera.

## Estrategia #21

## Cómo superar una pelota alta de revés

Problema:

Los tiros altos de revés son de los más problemáticos para la mayoría de los jugadores, especialmente si tienes un revés de una sola mano. Estos tiros altos de revés requieren más fuerza para volver a la cancha y los reveses normalmente no son los mejores para tiros altos.

Solución:

Puede sobreponerse a un tiro alto de revés de tres maneras:

1. Puede girar alrededor de su revés y golpear de derecha
2. Puede golpear su revés en la subida antes de que sea un revés alto.
3. Puede retroceder tan lejos como sea necesario como para golpear a media altura o hacer un revés bajo.

## Estategia#22
## Cómo vencer al jugador de tiros chatarra

Problema:

Los jugadores de tiros chatarra lanzan pelotas poco ortodoxas con efectos tramposos y normalmente no tienen buena técnica pero embocan la pelota dentro de la cancha y no hacen nada fácil devolver sus tiros. Algunos de los tiros que utilizan son: golpe de costado, medio golpe de costado, medio golpe alto con efecto, globos, pelotas caídas que rebotan y vuelven a la red y golpes de toque suave.

Solución:

Cuando no sabe que esperar, la mejor solución es quedarse sobre sus pies y estar preparado para golpear todo tipo de tiros. Asegúrese de acercarse a la pelota ya que se moverá más de lo normal. Si no se siente cómodo por la forma en que rebota la pelota, ataque la red donde estará golpeando la pelota en el aire y no deberá preocuparse por la forma en que rebota la pelota.

# CAPÍTULO 5: Estrategias Mentales Para Partidos De Singles Y Dobles

**Estrategia #23**
**Cómo superar los nervios**

Problema:

Ponerse nervioso durante un partido de tenis es una reacción natural. Lo importante es no permitir que sus nervios interfieran en su forma de desenvolverse en el partido. Algunas veces, estar muy nervioso hace que uno se paralice durante puntos importantes que lo obligan a cometer errores tontos o a aumentar sus chances de fallar.

Solución:

Existen numerosas maneras de superar los nervios:

- Mueva sus pies. Muchas veces, cuando se pone nervioso, uno deja de mover los pies lo que incrementa los errores. Mover sus pies más y rápidamente lo ayudará a alcanzar la pelota mejor y lo relajará durante el punto.
- Respire hacia adentro y hacia afuera durante el punto. Hacia adentro cuando la pelota viene hacia usted y hacia afuera cuando impacta la pelota. Cuando no está jugando un punto, es aún más importante respirar profundamente para relajar sus músculos y ayudarle a concentrarse en la estrategia en lugar de pensar en lo que siente.
- Baje su nivel de intensidad. Intente pensar positivamente acerca de lo que planea hacer durante ese punto y respire profundamente y lentamente para bajar su ritmo cardíaco.

## Estrategia #24

## Cómo vencer el estrés en un partido

Problema:

El estrés es otro factor natural que ocurre cuando uno se siente tenso y bajo presión al jugar el partido o por otras fuerzas externas como pueden ser familiares, amigos, llegar tarde, olvidarse parte de su equipo de tenis, las condiciones climáticas, etc.

Solución:

Para superar el estrés debe entender qué es lo que causa el estrés en primer lugar. Si llega tarde a su partido, debe asegurarse de tomarse su tiempo y no apurarse. No recuperará el tiempo perdido por apurarse. Eso seguramente le proporcionará más tiros fallidos que otra cosa. Si está estresado por el tiempo y siente que podría comenzar a llover, debería concentrarse un punto a la vez, y dejar que el tiempo haga lo que quiera sin importar lo que esté ocurriendo en el partido. Si se trata de un miembro de la familia quien está causándole estrés, deberá intentar enfocar su atención en su partido y bloquearlo de su mente si le están afectando negativamente. También puede pedirle que se mantenga quieto durante el partido o simplemente que se retire y vuelva una vez que el partido ha terminado. Sus familiares quieren que sea exitoso pero el estrés del partido puede ser demasiado para ellos. Concéntrese en lo que está causando el estrés y resuélvalo así puede concentrarse en ganar.

**Estrategia#25**

**Cómo mantenerse concentrado hasta el final**

Problema:

Mantenerse concentrado en su partido hasta que termine no es una tarea fácil ya que requiere un gran trabajo. Algunas personas empiezan bien pero terminan terriblemente mal debido a la falta de concentración. Otros nunca se concentran lo suficiente para cerrar un juego o un set.

Solución:

Mantenerse concentrado durante el partido entero requiere de un par de cosas:

1. Necesita tener recordatorios visuales que le ayuden a tener en mente qué es lo más importante para usted en el partido o qué es lo que le ayuda a ganar más puntos. Una de las mejores formas de lograr esto es

tener algunas anotaciones escritas en papel que puede mirar en los cambios. De esta forma recordará lo que debe estar haciendo.

2. Escriba en una pegatina dos o tres cosas importantes que le ayudarán a mantenerse enfocado en su partido y luego ubique la pegatina en un lugar seguro de su raqueta donde no se saldrá. La parte interna del cuello de la raqueta de tenis es un gran lugar para colocar una pegatina. El cuello de la raqueta de tenis se encuentra ubicado entre la empuñadura y las cuerdas.

## Estrategia#26

## En qué pensar durante los cambios de lado

Problema:

Los cambios de lado suelen ser los tiempos más subestimados para pensar durante un partido de tenis. En qué debería estar pensando? Está cansado y sediento, entonces por qué debería estar pensando en algo? Bueno, los cambios de lado son el mejor momento para hacer lo más importante en el tenis que es pensar para encontrar soluciones a los problemas que está teniendo en el partido y finalmente lograr ganar.

Solución:

Durante los cambios de lado usted debería estar pensando en qué es lo está haciendo para ganar puntos y qué está haciendo para perderlos. Si no está ganando deberá descifrar por qué.

Tal vez su oponente esté tomando el control del punto desde el comienzo y esté forzándolo a hacer sólo reveses y no lo permita usar su golpe de derecha, que tal vez sea su mejor golpe.

Quizás no está moviendo sus pies lo suficiente y necesite enfocarse más en ello.

Tal vez esté cansado y quiera ganar más rápido pero no sabe cómo hacerlo, pero durante el cambio de lado se dé cuenta de que necesita ser más agresivo y posiblemente deba atacar la red más o lanzar más pelotas dejadas.

Tal vez su oponente no esté haciendo nada especial y sea usted quien esté cometiendo todos los errores. Se da cuenta de esto durante el cambio de lado y decide que necesita comenzar a mantener la pelota en juego por más tiempo o forzar a su oponente a cometer más errores.

## Estrategia#27

## En qué pensar antes del partido

Problema:

Antes del partido es importante pensar y repasar las cosas como preparar un plan de ataque, pero saber en qué pensar hace una gran diferencia cuando se trata de ganar o perder.

Solución:

Sí, durante el partido usted debería hacer todo lo posible por intentar no pensar demasiado pero antes del partido definitivamente debería prepararse para lo que hará durante el partido así puede estar en piloto automático durante el partido y simplemente ejecutar lo que pensó de antemano. Debería estar pensando en qué necesita hacer para ser el más exitoso. Esto podría incluir:

- Mover sus pies.

- Lanzar la pelota bien alto en su saque.
- Completar su golpe en sus golpes de piso.
- Mantener sus ojos en la pelota.
- No apresurarse durante los puntos.
- Atacar las debilidades de su oponente desde el comienzo.
- Atacar el segundo servicio de su oponente.
- No permitir que los alrededores le distraigan.

## Estrategia#28

## En qué pensar la noche anterior al partido

Problema:

La noche anterior al partido debería descansar y pensar solamente acerca de las cosas sobre las cuales tiene control. No se preocupe por cosas que no le beneficiarán de ninguna manera, como la lluvia, el viento, etc. Asegúrese de que su cuerpo y mente descansen la noche anterior al partido ya que no desea comenzar un nuevo día cansado o débil.

Solución:

La noche anterior al partido debería practicar visualizar cómo le gustaría jugar al día siguiente. Puede imaginar estrategias específicas que le gustaría utilizar como:

- Golpes de costado y atacar la red

- Hacer golpes altos con efecto hacia el revés o el lado más débil de su oponente.
- Tener largos intercambios cruzados.

Otras cosas que podría visualizar la noche anterior podrían ser:

- Verse a usted mismo persiguiendo tiros difíciles desde una esquina a otra.
- Verse parado con confianza para devolver un saque.
- Lanzando la pelota orgullosamente antes de su saque.
- Estar motivado y energético durante los puntos del partido.

**Estrategia #29**

**Qué hacer cuando va un set abajo**

Problema:

Cuando va un set abajo comienza a dudar de sí mismo y a sentir que no ganará el partido. Saber qué hacer para cambiar las cosas, es físico y mental.

Solución:

Cuando está perdiendo un set necesita entender que la clave es saber dónde está perdiendo y ganando sus puntos.

Si está errando muchos golpes altos y eso es lo que su oponente lo está forzando a hacer la mayoría del tiempo, entonces debería intentar atacar más la red y reducir la cantidad de tiros altos que devuelve desde la parte trasera de la cancha.

Si está perdiendo en los intercambios largos es porque su nivel de entrenamiento no es tan fuerte como el de su oponente, entonces debería resolverlo manteniendo los puntos cortos. Podría traer a su oponente a la red más seguido o intentar más golpes ganadores.

Si está ganando puntos cuando gira sobre su revés y golpea con su derecha, entonces debería hacerlo más seguido.

Si ganó todos sus puntos en su primer servicio, entonces debería enfocarse en conseguir más puntos con su primer saque.

## Estrategia #30

## Qué hacer cuando va un set arriba

Problema:

Si ganó el primer set, usted tiene una ventaja emocional y psicológica que pesa. Qué debería hacer en el segundo set para ganar el partido?

Solución:

Luego de ganar el primer set, usted sabe que su oponente hará un gran esfuerzo para superarlo en el resultado. También, sabrá que está cerca de la línea de llegada ya que habrá alcanzado la mitad de la carrera.

La clave para lograr esto es:

1. Siga haciendo lo que está haciendo para ganar puntos. Cambiar la estrategia ganadora no es el plan correcto en este momento. No haga cambios tontos como ser menos agresivo o más agresivo.

2. Haga un esfuerzo extra en los 3 primeros juegos del partido así puede comenzar liderando el juego. Esto desmoralizará a su oponente y hará el resto del partido más fácil. 3-0 o 2-0 o 4-0 son todos excelentes comienzos para el segundo set.

3. Asegúrese de mantenerse en la cima de los resultados hasta que el partido termine para no permitirle a su oponente ni siquiera considerar que tiene una chance de ganar el partido porque si usted no hace esto, lo lamentará más tarde.

## Estrategia #31
## Qué hacer cuando tiene un punto de partido

Problema:

El punto de partido se puede ver de diversas maneras. Tener el correcto enfoque hace la gran diferencia. Ser presumido o dudar de sí mismo son ambas reacciones muy comunes pero negativas en un punto de partido. Qué debería hacer?

Solución:

El punto de partido es la oportunidad más grande de ganar el partido. Asegúrese de no pensar demasiado durante ese punto. Mantenga las cosas simples. Lo que sea que lo esté haciendo ganar deberá repetirlo durante el punto de partido sin duda, y hacerlo con precisión. Si se pone nervioso, simplemente respire y mueva sus pies para deshacerse de algunos de sus nervios. No mire alrededor ni se permita distraerse.

Recuerde: Manténgase en su plan original!!

## Estrategia #32
## Qué hacer luego de un saque de doble falta

Problema:

Las dobles faltas lo afectan emocional y psicológicamente. Son normales y pueden ocurrirle durante un partido siempre que no ocurran demasiado seguido. La diferencia está en qué hacer y qué pensar luego de la doble falta para corregir la situación.

Solución:

Concéntrese en lo que necesita para colocar un buen saque dentro de la cancha. Los segundos saques requieren de un mayor grado de control ya que son su última chance de colocar su servicio dentro. No se agregue presión a sí mismo ni se permita ponerse nervioso. Asegúrese estos cinco pasos para evitar cometer dobles faltas:

1. Sea selectivo con sus lanzamientos de pelota al aire. No golpee cada lanzamiento al aire. Tómese su tiempo y solamente haga el saque golpeando la pelota que siente que tendrá alta chance de estar bien ubicada.

2. No apresure su movimiento de servicio.

3. Rebote la pelota al menos 4 veces antes del servicio para calmarse.

4. Complete el golpe con su movimiento.

5. Mantenga su barbilla y cabeza en alto cuando impacta la pelota así podrá mantener sus ojos en la pelota por más tiempo.

# MÁS TÍTULOS POR JOSEPH CORREA

**Programa de entrenamiento de Saque fuerte de tenis**

Este DVD le enseñará cómo realizar saques 10-20mph más rápidos con un programa de 3 meses, día a día. El mejor programa de entrenamiento de saques en el mercado. El video incluye un cuadro de entrenamiento de 3 meses y un manual paso a paso. Este DVD le muestra cómo hacer los ejercicios correctamente y el proceso que debería seguir para lograr el éxito en el programa.

Joseph Correa es un tenista profesional y entrenador que ha competido y enseñado por todo el mundo torneos ITF y ATP por varios años. Además de ser un tenista profesional posee la certificación de entrenador profesional de USPTR y la certificación ITF para entrenar niños.

## Las 33 leyes del tenis

Las 33 leyes del tenis es un libro repleto de conceptos valiosos del tenis que le ayudarán a ser un mejor y bien preparado tenista. Escrito por un tenista profesional y entrenador de los Estados Unidos. Es un libro muy útil que será de gran ayuda cuando menos lo esperas y le recordará muchas pequeñas pero importantes cosas antes de competir.

Trabajo de pies y cardio para el tenis por Joseph Correa

Joseph Correa es un tenista profesional y entrenador que ha competido y enseñado por todo el mundo torneos ITF y ATP por varios años. Además de ser un tenista profesional posee la certificación de entrenador profesional de USPTR y la certificación ITF para entrenar niños.

Póngase en forma y mejore su movilidad dentro y fuera de la cancha de tenis. Su trabajo de pies mejorará drásticamente, asimismo reforzará su centro y cuerpo superior. Este es definitivamente valioso para un jugador de tenis sin importar su nivel. Será más rápido, más fuerte y más ágil en la cancha. También notará un incremento en la aceleración de sus golpes de piso y sus saques. Creado por un tenista profesional para otros jugadores para que avancen en su juego y ganen más partidos.

## Tenis Yoga por Joseph Correa

Tenis Yoga por Joseph Correa es una gran forma de mejorar su flexibilidad y agilidad en la cancha. Alcance más pelotas y sufra menos lesiones. Es una gran manera de ganar más al trabajar en una parte diferente de su juego. El DVD dura aproximadamente 30 minutos. Utilizado por tenistas principiantes y profesionales para mejorar su juego y durar más en los partidos. Esta es la mejor manera para que un tenista sea más flexible y se libere de las más comunes lesiones de espalda, rodilla, hombros, tendones, pantorrilla y cuádriceps. Se alegrará de empezar! Esta es una versión mejorada de nuestra MBS Tenis Yoga 2012.

## Abs del tenis por Joseph Correa

Los Abs del tenis es una gran forma de reforzar su centro para saques, golpes derechos y reveses más poderosos, así también como voleas más fuertes. Los abdominales son fundamentales para un juego mejor. Este DVD trabaja con varios tipos de ejercicios, sentadillas, y abdominales laterales y también ejercicios para la espalda que no encontrará en ningún otro video de abdominales. Siéntase con gran confianza cuando se cambia la camiseta durante su partido y golpee la pelota más fuerte!

www.ingramcontent.com/pod-product-compliance
Lightning Source LLC
Chambersburg PA
CBHW070156080526
44586CB00015B/2014